BEI GRIN MACHT SICH IHR WISSEN BEZAHLT

Manuel Lemke

Erziehung, Bildung und Sozialisation. Lernzusammenfassung in Stichpunkten

GRIN Verlag

Bibliografische Information der Deutschen Nationalbibliothek:

Die Deutsche Bibliothek verzeichnet diese Publikation in der Deutschen National-
bibliografie; detaillierte bibliografische Daten sind im Internet über http://dnb.d-
nb.de/ abrufbar.

Impressum:

Copyright © 2014 GRIN Verlag GmbH
Druck und Bindung: Books on Demand GmbH, Norderstedt Germany
ISBN: 978-3-656-71302-9

Dieses Buch bei GRIN:

http://www.grin.com/de/e-book/278011/erziehung-bildung-und-sozialisation-lern-
zusammenfassung-in-stichpunkten

GRIN - Your knowledge has value

Der GRIN Verlag publiziert seit 1998 wissenschaftliche Arbeiten von Studenten, Hochschullehrern und anderen Akademikern als eBook und gedrucktes Buch. Die Verlagswebsite www.grin.com ist die ideale Plattform zur Veröffentlichung von Hausarbeiten, Abschlussarbeiten, wissenschaftlichen Aufsätzen, Dissertationen und Fachbüchern.

Besuchen Sie uns im Internet:

http://www.grin.com/

http://www.facebook.com/grincom

http://www.twitter.com/grin_com

Wissensteil der Klausur:

Grundlagen und Begriffe EBS:
Erziehung, Bildung, Sozialisation,
Persönlichkeitsentwicklung
primäre, sekundäre, tertiäre Sozialisation
Sozialisationsinstanz

Sozialisationstheorie von Erikson
eine psychologische Sozialisationstheorie
eine soziologische Sozialisationstheorie
Waldorfpädagogik
Montessori-Pädagogik
Pädagogik nach JesperJuul

Erziehung:
Absichtsvolle Handlung durch welche Menschen versuchen auf die Persönlichkeitsentwicklung
anderer Menschen Einfluss zu nehmen.
Erziehung macht den Menschen zu einem sozialen Geschöpf.
Nach Durkheim ist die Erziehung als methodische Sozialisation zu sehen.

Bildung:
Förderung der Eigenständigkeit und Selbstbestimmung eines Menschen.
Es dient zur Sicherung der Individualität.
Bildung ist die normative Zielsetzung der Sozialisation.

Sozialisation:
S. ist ein Prozess in dessen Verlauf sich der **menschliche Organismus** zu einer handlungsfähigen
Persönlichkeit entwickelt. Dieser Prozess dauert das **ganze Leben** an und entwickelt sich durch
Auseinandersetzungen mit verschiedenen **Lebenssituationen.**
Hierbei gibt es eine **„innere Realität"** – körperliche und psychische Grundmerkmale – sowie eine
„äußere Realität" – soziale und physikalische Umwelt-. Reifung ist der gelungene Prozess der S.

Persönlichkeitsentwicklung:
Es gibt soziologische und psychologische Sozialisationstheorien, welche sich ergänzen können, oder
im Wiederspruch zu(mit)einander stehen. Der Gegenstand einer Sozialisationstheorie ist immer die
Persönlichkeitsentwicklung des Menschen. Hierbei kristallisiert sich durch die Sozialisationsinstanzen
eine individuelle Persönlichkeit heraus

Primäre S. → Soziabilisierung
P.S. findet vor allem in der Familie, aber auch im Kontakt mit gleichaltrigen statt. Dies wird mit der
Herausbildung der personale Identität abgeschlossen. Durch die liebevolle Zuwendung (körperlich
und emotional) entwickelt das Kind das Urvertrauen. Dadurch wird es sozial handlungsfähig und ist
offen für weitere Sozialisationsschritte.

Sekundäre S. → Enkulturation
Enkulturation meint das unmerkliche „hineinwachsen" in die eigene Kultur.
S.S. ist der Prozess der Vergesellschaftung. Das Kind lernt alle Werte, Normen und Regeln der
eigenen Kultur – durch Freunde, Familie, Schule, Vereine und Medien – kennen. Bedeutsam ist dabei
das Erlernen der eigenen Sprache (auch Symbolsprache).

Tertiäre S. → Individuation

T.S. findet im erwachsenen Alter statt. Es ist die Anpassung und Veränderung innerhalb des sozialen Umfeldes. (durch Interaktionen) T.S. wird als S. im beruflichen Bereich und darüber hinaus verstanden.

Sozialisationsinstanzen

Si. Sind Gruppen oder soziale Kontexte in welchen signifikante Sozialisationsprozesse ablaufen. Diese können das familiäre Umfeld, Kiga, Schule, Vereine, Cliquen etc. sein

Sozialisationstheorie von Erikson 1902 – 1994 → Identitätsentwicklung

- Persönlichkeitswachstum durch Konfliktbewältigung
- Psychologische Krisen als Entwicklungsaufgaben
- Persönlichkeitsentwicklung vollzieht sich im Zusammenwirken zwischen organischer und gesellschaftlicher Entwicklung
- Ein Individuum muss im Laufe seiner Entwicklung psychosoziale Krisen bewältigen

Phasen	Psychosoziale Krisen	Wichtige Beziehungen	Ich - Erkenntnis
I. Säuglingsalter	Urvertrauen vs. Urmisstrauen	Mutter	Ich bin, was man mir gibt
II. Kleinkindalter	Autonomie vs. Scharm und Zweifel	Eltern	Ich bin, was ich will
III. Spielkindalter	Initiative vs. Schuldgefühl	Kernfamilie	Ich bin was ich mir vorstellen kann zu werden
IV. Schulalter	Werksinn vs. Minderwertigkeit	Nachbarschaft, Schule	Ich bin, was ich lerne
V. Adoleszenz	Identität vs. Identitätsdiffusion	Peer-Groups und Fremde Gruppen	Ich bin was ich bin
VI. Frühes Erwachsenenalter	Intimität vs. Isolierung	Partnerschaft, Sexualität, Wettbewerb	Ich bin, was mich liebenswert macht
VII. Erwachsenenalter	Generativität (eigene Kinder haben und großziehen) vs. Stagnierung	Arbeitsteilung und gemeinsamer Haushalt	Ich bin, was ich bereit bin zu geben.
VIII. Alter	Integrität (...) vs. Lebensekel	„Die Menschheit", Menschen meiner Art	Ich bin, was ich mir angeeignet hab

Bezug zur Sozialisationstheorie:
Die Entwicklung wird wesentlich von den soziokulturellen Möglichkeiten und Angeboten bestimmt (psychosoziale Natur).

Psychologische Sozialisationstheorie von Freud 1856 – 1938 → Psychoanalyse

Der Mensch ist ein Triebwesen, diese Triebe zu unterdrücken bereitet ihm Schwierigkeiten.

- Zentrales Element: Hervorhebung des unbewussten

ES → Triebe, sexuelle & aggressive Impulse (unbewusst) → LUSTPRINZIP
ICH → Vermittler zwischen ES und ÜBERICH, Handlungsentscheidende Instanz,
       REALITÄTSPRINZIP damit ist die eigen Identität, die Persönlichkeit gemeint
Ü-ICH Kulturelle und soziale Regeln, Gewissen bestraft; ich Ideal belohnt
       MORALITÄTSPRINZIP sind nicht die Eltern sondern was der Mensch verinnerlicht hat

Phasen	Bezeichnung	Alter	Merkmale
1.	Orale Phase	1 LJ	Mund ist zentrales Organ
2.	Narzistische Phase	2 LJ	Entdeckung des eigenen Körpers
3.	Anale Phase	2-3LJ	Kontrolle über den Körper
4.	Phallische Phase	4-5 LJ	Erkennen von unterschieden der Geschlechter
5.	Latenz Phase	6-12 LJ	Anpassung an die Anforderungen der Umwelt
6.	Genitale Phase	Ab 13 LJ	Beginn der sexuellen Entwicklung

Bezug zur Sozialisationstheorie:
Konzept für die Umsetzung sozialer Normen in das Innere eines Individuum.

Eine soziologische Sozialisationstheorie – Urie Bronfenbrenner 1917-2005

S. ist ein Prozess der Ausweitung von Lebensbereichen.
Die Lebensbereiche sind geschachtelt und konzentrisch angeordnet.
Persönlichkeitsentwicklung steht im Umweltkontext.
Mensch als soziales Wesen. (strukturelle Einheit der Psyche)

Makrosystem: Normen und Werte der Gesellschaft, eigene Kultur
Exosystem: Wirtschaftliche Situation, Krise und Arbeitslosigkeit d. Eltern.
Person ist nicht selbst beteiligt, hat jedoch Auswirkungen auf ihre Lebensbereiche.
Mesosystem: Wechselbeziehung der Mikrosysteme, Eltern reden mit Lehrern etc.
Mikrosysteme: Interaktion mit den konkreten Lebensbereichen, Familie, Schule, Freizeit

Bezug zur Sozialisationstheorie:
Persönlichkeitsentwicklung findet in wechselseitiger Auseinandersetzung zwischen Mensch und Umwelt statt. (Lebensbereiche)

Waldorfpädagogik

- Rudolf Steiner 1861 – 1925
- 1919 Eröffnung der ersten Waldorfschule in Stuttgart
- Anthroposophie – Weisheit vom Menschen
- Steiner entwickelt die spirituelle Weltanschauung der Anthroposophie. Das bedeutet nach ihm „Bewusstsein des eigenen Menschentum". Man betrachtet die Beziehung des Menschen zum Übersinnlichen
- Man glaubt nicht an das göttliche, sondern an die Möglichkeit der Erkenntnis des göttlichen
- Der Mensch ist Leib, Seele und Geist

- o Leib → Verbindung mit Tatsache
- o Seele → Hereinnahme mit Bedeutung (Seele wird als wichtige Instanz gesehen und hat eine Bedeutung hat anders als bei anderen P. formen)
- o Geist → Orientierung mit Ziel (Willeskraft)
- Der Mensch befindet sich aus antropophischer Sicht in einer ständigen Entwicklung
- Es existiert eine zyklische Reinkarnation
- In seinem Lebenslauf durchlebt man drei Jahrsiebte, einer körperlichen, seelischen und geistigen Entwicklung
- Ziel der W.P. ist: *Die Entfaltung der kreativen Kräfte des jungen Menschen durch die antroposophische Menschenkunde*
- Merkmale: *Klassenverband, Epochenunterricht und künstlerisch praktische Fächer*
- Konzept: *gemeinsamer Unterricht von Jungen und Mädchen, zwei Fremdsprachen ab der ersten Klasse, kein Sitzenbleiben, Epochenunterricht, Gesamtschule bis 12te Klasse, künstlerische Gestaltung des Unterrichts, Selbstverwaltung, ausführliche Textzeugnisse*
- Entwicklung: Nachahmung der Erzieher, Rhythmus: Wechsel von Ruhe und Bewegung, Anspannung und Entspannung, Träger der Gesundheit und des gesamten Lebens, künstlerisch musikalische Erziehung , Rahmenbedingung (siehe Konzept)
- Aufgaben: pädagogisch sinnvolle Ergänzung der erzieherischen Aufgaben Berücksichtigung eines geordneten Tagesablaufes und wichtiger Erziehungsprinzipien

Unterschied zwischen W.P. & M.P.

- Die Sicht des Menschen als Wesen unterscheidet sich von Montessorie und Steiner. Dieser hat mit seiner antroposophischen Menschensicht ein anderes Grundgerüst als die P. von M.
- Während die P. von Montessorie mehr ein Mittel und eine Richtung ist wie man mit Kindern umgehen kann und diese Fördern sollte, ist das Konzept von Steiner (da es ein weitläufiges Konzept ist) fast schon eine Lebensausrichtung.
- Auch richtet sich M. mehr auf die Entwicklung im Kindesalter (nicht ausschließlich) wohingegen Steiner sich mit Kindern sowie Jugendlichen (Beschulung bis Klasse 12) auseinandersetzt.
- Der Wohl entscheidenste Unterschied ist das die vorbereitete Umgebung bei M. eine große Rolle spielt, während Steiner die innere Kraft des jungen Menschen (durch keine vorbereitete Umgebung) fördern möchte. Bsp. Schukel Waldorf, Spielsachenauswahl, Lernmaterial (begrenzt vorhanden) Montessorie.

Montessori-Pädagogik

- Maria Montessorie, 1870 – 1952
- Zentrale Aspekte ihrer P. waren „hilf mir es selbst zu tun" und „Meine Freiheit endet da, wo deine beginnt"
- Erziehung vom Kind aus, Reformpädagogik = Man versucht sich konsequent an den Bedürfnissen und Fähigkeiten des Kindes auszurichten
- Ganzheitliches Menschenbild; Körper, Seele, Geist
- Das Kind ist Bildner seiner Persönlichkeit
- Das Kind strebt nach Unabhängigkeit von Erwachsenen und kommt durch Eigentätigkeit zu einer freien Persönlichkeit
- Eltern, Erzieher und Lehrer sollen sich zurückhalten; den Entwicklungsprozess nicht stören

- Kinder durchlaufen in Ihrer Entwicklung verschiedene Phasen. Die Schwierigkeit sich Inhalte anzueignen ist von Phase zu Phase unterschiedlich.
  Die Umgebung kann somit je nach Phase für den dann aktuellen Inhalt bereitgestellt werden

Entwicklungsstufen:

ALTER	ENTWICKLUNGSSTUFE
0-6 JAHRE	ZEIT DES AUFBAUS
0-3 JAHRE	ABSORBIERENDER GEIST (psychischer Embryo)
3-6 JAHRE	SENSIBILITÄT UND FEINMOTORIK (sozialer Embryo)
6-12 JAHRE	ZEIT DES AUSBAUS; SENSIBILITÄT UND SOZIALBEZIEHUNGEN (soziale Neugeborene)
12-18 JAHRE	ZEIT DES UMBAUS; SENSIBILITÄT FÜR GERECHTIGKEIT UND MENSCHENWÜRDE (Der soziale Mensch – Gefühl für die gesamte Gese.)

- Arbeit (Spiel) ist das Ziel
- Das Kind wächst an den Arbeiten und ermüdet nicht
- Erwachsene dürfen den Kindern die Arbeit nicht abnehmen – hilf mir es selbst zu tun
- Durch Wiederholung findet ein innerer Reifungsprozess statt

Merkmale einer vorbereiteten Umgebung:

- Kindergerechte Einrichtung (kleine Möbel, ausreichend Material etc.)
- Themenbereiche (Leseecke, Wirtschaftsecke, Natur)
- Phasenentsprechendes Material (Montessorie Material)

Voraussetzungen für ein aktives verstehen des Kindes:

- Zeit → kein Erwartungsdruck
- Kein schneller Wechsel von Gegenständen
- Freie Wahl der Lerngegenständer → *Die Aktivität zur freien Wahl der Beschäftigung wird zur Lebensweise*

Fazit:
Kindliche Freiheit bedeutet nicht, das Kind sich selbst zu überlassen oder zu vernachlässigen. Wir helfen nicht durch gleichgültige Untätigkeit, sondern durch die bedachte Anteilnahme einer liebevollen Fürsorge.

(Auf Hannahs Handout stehen auch noch wichtige Sachen drauf, aber die sind schon zusammengefasst. Musst du dir nochmal so anschauen)

Pädagogik nach Jesper Juul

- Geboren 1948 in Dänemark
- Zentrale Aspekte seiner P.
  - o Kinder haben soziale Kompetenzen von Geburt an – sie müssen nicht erzogen werden
  - o Kinder sind sozial – sie kooperieren
  - o Kindern und Jugendlichen Kompetenzen zurückgeben

Die Ursachen für auffälliges Verhalten bei Kindern sind
1. Verletzung der Integrität
2. Überkooperation

Eigenschaften von Kindern:
- Die Reaktion und Verhaltensweisen der Kinder sind immer sinnvoll (subjektiv)
- Kinder werden mit sozialen Verhaltensweisen geboren und sind nicht egoistisch
- Kinder können verantwortlich sein

Werte in Erziehung und Partnerschaft

- Gleichwürdigkeit
  Vom gleichen Wert als Mensch; der selbe Respekt gegenüber Werte und Integrität des Partners
- Integrität
  Persönliche I. ist zentraler Wert des Familienlebens. (Gefühlen, Werte und Gedanken)
- Authenzität
  die Fähigkeit unverstellt und glaubwürdig zu sein
- Verantwortung
  Eigenverantwortung – Schutz für den einzelnen und somit der Gemeinschaft
  Persönliche Verantwortung – Reflektion der eigenen Handlungen
- Gemeinschaft
  Kinder lernen in der Gemeinschaft der Familie ihre eigenen Grenzen kennen und die der anderen zu respektieren

---

Jesper Juul

Zentraler Aspekt, Den Jugendlichen Kompetenzen zurückgeben, warum?
Weil die Gesellschaft die ihn von Geburt an verliehenen sozialen Kompetenzen –durch Erziehung und Sozialisation- „abtrainiert" hat.

Verständnisteil der Klausur:

Entwicklungsaufgaben der Lebensalter **Kindheit, Jugendalter, Erwachsenenalter** und **Hohes Alter** (Beispiele aus den Seminararbeiten)
Biografisierung (Text von Böhnisch zu Lebensalter und Bewältigung)
Sozialisation und Geschlecht ☺●
Berufs- und Arbeitssozialisation ☺●
Sozialisationstheorie nach Wahl für ein Fallbeispiel

→ **Sozialisation und Geschecht** = Entwicklungsaufgaben des Lebensalter **KINDHEIT = Gender**
→ **Sozialisationstheorie nach Wahl** = Entwicklungsaufgaben des Lebensalter **JUGENDALTER** =
Schulische Entwicklung
→ **Berufs- und Arbeitss.** = Entwicklungsaufgaben des Lebensalter **ERWACHSENENALTER**

Entwicklungsaufgaben Kindheit / Sozialisation und Geschlecht

Aspekte:
Das Geschlecht hat Auswirkungen auf den Verlauf der S.
Es entstehen schon früh Verhaltensunterschiede in der S. zwischen Jungen und Mädchen.
Mädchen → Puppen, malen; Jungs →Raufen, Autos, Ritter
Mädchen und Jungen haben spezifische „Geschlechterskripte"

Da S. ein interaktiver Prozess ist wird das „Skript" von äußeren Einflüssen bestimmt. (Internalisierung von kulturelen Normen – ÜberIch)
Die erste Bezugsperson ist i.d.R. weiblich → These: Die Mutter geht mit dem Sohn anders um als mit der Tochter. Es kommt zu unterschiedlichen Entwicklungsverläufen bei Jungen und Mädchen. (Nacay Chodorow Psychoanalytischer Ansatz)

Das „Skript" ist biologisch determiniert (im Voraus festlegen). Wichtige Rollen spielen dabei

- Hormone
- Ergebnisse aus Gehirnforschung
- Evolutionsbiologie

Die These durch ausschließlich biologische Determinierung lässt sich nicht aufrechterhalten.

Erklärung für das „Skript": Es herrscht eine Institutionelle Reflexivität = interpersonale Rituale zwischen Mann und Frau. Hierbei werden biologische Unterschiede sozial Verstärkt. (Rituales Arrangement nach Goffman)These: Körperlicher unterschied hat keine große Bedeutung (na klar :P)

Rationaler Vorgang nach Kohlberg
Hierbei gibt es eine Parallele zwischen der kognitiven Entwicklung und der Entwicklung der Geschlechterrollen. These: Die Geschlechterrollenentwicklung ist ein kognitiver Vorgang
Erklärung für das „S.": Unterschiedliche Strukturen im Denken von Kindern und Erwachsenen.

Konstruktionsprozess
Geschlechter werden sozial Konstruiert (West & Zimmerman)
- analytische Unabhängigkeit
- Interaktive und situationsspezifische Verhaltensweisen von Geschlechtern im Alltag

Entwicklungsaufgaben Jungendalter / Sozialisationstheorie nach Wahl für ein Fallbeispiel
Schulische Sozialisation

Themenbereiche schulische S.

- o Aufgaben und Funktionen der Schule
- o Heimlicher Lehrplan
- o Rituale
- o Schulversagen / Schulverweigerung
- o Schule und Selbstwertgefühl
- o Abweichendes Verhalten
- o Geschlechter Koedukation

Aufgaben & Funktion der Schule

- Qualifikationsfunkion
  - o Funktionale Q. = lesen und schreiben = Wissen
  - o Extrafunktionale Q. = Einstellung und Fähigkeiten = soziale Kompetenz

Selektions und Allokationsfunktion*platzieren
  - entsprechender Schulabschluss nach entsprechender Leistung

Legitimation = „ entsprechender Schulabschluss nach entsprechender Leistung„
  und Integrationsfunktion in Bezug auf die Gesellschaft
  - Reproduktion der Gesellschaft

Heimlicher Lehrplan
Def: Alle sozialen Lernerfahrungen, alles was nicht offiziell geregelt ist
Dimensionen der heimlichen Lehrplans:
  - Raum und Zeit = Fremder Raum, Fremde Bestimmung der Zeit
  - Leistung = Bewertung der Leistung ist auch gleich Bewertung der Person
  - Geschlecht = Unterschiedliche Karrieren von Jungen und Mädchen
  - Schülerstrategien = Wünsche und Erwartungen; Geduld und Resignation

Rituale
R. in der S.S. sind eng verbunden mit Autorität und Zwang. → Behindert die Persönlichkeitsentwickl.
Merkmale :   - typische Szenen
              - übergeordnete Macht
              - starr und beharrlich
              - keine Reflekoion
Positive Wirkung von R.
- bessere Orientierung
- Förderung der Selbstständigkeit
- Entlastungsfunktion mit Veränderungsmöglichkeiten
WICHTIG: R. müssen transparent und änderbar sein

Schulversagen / Schulverweigerung
Sv. Verlassen der Schule nach der Schulpflicht ohne Abschluss
Ursachen sind: schlechte Leistungen, negatives Selbstbild, Schulangst

Schulverweigerung (Schulunlust, Schulmüdigkeit)
Formen:
- Passive Schulverweigerung → nur körperlich anwesend

- aktionsorientierte S. → destruktives Verhalten im Unterricht
- Schulabwesenheit -> dauerhaftes fehlen

Ursachen: →Familiär = Überbehütung, Vernachlässigung, Gewalt, Suchtproblematik,
                  - Cliquen, Banden
                  - Schulangst (vor Lehrer, Mitschülern)

Schule und Selbstwertgefühl
Einflussfaktoren auf die Entwicklung des Selbstwertgefühls (und somit auch auf die S.)
- Förderung durch die Familie; - Lehrer Schüler Interaktion
- Geschlecht
- Schulerfolg
- Anerkennung

Abweichendes Verhalten
wiederholt schwere „Verletzungen" der Regeln, welche sanktioniert werden.

Abweichendes Verhalten wird durch die Umwelt erzeugt
Abweichendes Verhalten wird gruppen- situations- und personenorientiert

Geschlecht

Ergebnis aus Forschungen

- J. sind häufiger am Unterricht beteiligt
- Interessen der J. sind wichtiger
- Dominates Verhalten der J.
- Keine soziale Anerkennung von konstruktiven Beiträgen der M.
- Qualitativ und quantitative Dominanz der J. in Fächern wie M. D. E.

Berufs- und Arbeitssozialisation

Der Beruf/ die Arbeit hat Auswirkungen auf die Identitätskonstruktion des Individuums und ist somit ein Teil der Sozialisation. Beruf als Identitätsmerkmal (Einkommen, Ansehen, soziale Kontakte) Arbeit gibt dem Leben einen Sinn und strukturiert es auch in zeitlicher Hinsicht.
-Arbeitstage, Wochentage, Wochenende, Feiertage, Urlaubswochen, Ausbildung, Erwerbstätigkeit, Ruhestand-

Krise der Arbeitergesellschaft durch Globalisierung. Erwerbsarbeit ist nicht mehr Mittel sozialer Integration. Seit soziale Netzwerke das soziale untereinander miteinander verknüpft, schrumpfen die sozialen Kontakte innerhalb der Erwerbsgesellschaft. Aus Angst vor Arbeitslosigkeit sucht man nicht nach Innovativen Jobs sondern sucht Milieufixiert nach einer Arbeit.

Konsequenz sollte sein: Erwerbsarbeitszentrierung soziokulturell aufbrechen als erweiterte Bildungsaufgabe (WAS Auch immer das heißen soll :P)

Entwicklungsaufgaben hohes Alter nach Böhnisch

Im Alter spielt im Rückblick auf das Leben weniger die objektive Sicht der Dinge eine Rolle, als viel mehr wie man selbst den Ausgang der erlebten Situation bestimmt.
Verluste können so durch individuelle kognitive Fähigkeiten und Erwartungen besser verarbeitet werden.
Das hohe Alter ist verschiedenartig, von den vitalen 60igern zu den aktiven 70 gern und 80 bis dann

hin zu den betagten Personen. → Alt ist nicht gleich Alt
Doch muss man sich dennoch damit abfinden. (Erikson VIII Stufe)

Alltagsbewusstsein: sich den physischen und psychischen Veränderungen bewusst sein.
- Krankheit und Pflege
- soziale Benachteiligung und Isolation

Auseinandersetzung mit existentiellen Charakteristika biografischer Lebensbewältigung (KP was das ist)
- Raumverlust (Wohnung) Raumaneignung (Altersheim)
- Altsein und Lebenssinn
Lebensstil und erfolgreiches altern
    - Abhängig von gesundheitlichem, finanziellen und kulturellem Kapital.

Familie als Sozialisationsinstanz: einfach weil es noch wichtig ist

Erste soziale Umwelt des Menschen.
erlernt werden:
    - Sprache und Kommunikationsfähigkeit
    - Sozialer Umgang, Regeln und Normen
    - Sprachtypische, Denktypische Verhaltensgewohnheiten
primäre Gruppe ist hierbei die Familie, diese wird bestimmt durch:

- Anzahl der Personen
- Welche Personen kümmern sich -in welchem Ausmaß -um das Kind
- Zunehmende Selbstständigkeit des Kindes

Rahmenbedingungen für Sozialisationsprozesse in der Familie
lernen durch (mit)erleben, gewollt oder ungewollt
S. durch bewusste Erziehung
    - Förderung
    - positive negative Sanktionen
    - Verbote und Gebote
    - Liebesentzug und Belohnung

Isolationschance (Isolierung, Geschütztheit)
Dauerhaftigkeit und Stabilität als Basis für das Innenklima

Entwicklungsüberformung (Abwandlung von Verhaltensweisen in der Entw.)

Grunddimensionen der Lebensbewältigung sind entwicklungsüberformt:
Anerkennung, Orientierung, Rückhalt und Selbstwert

Beschreiben sie 3 Entwicklungsaufgaben von Kindern:

- Gender (unterschiede der Geschlechter)
- Sprache & Symbolsprache
- Gesellschaftliche Werte